La dent de Julie

hachette
ÉDUCATION

Avec Sami et Julie, lire est un plaisir !

Avant de lire l'histoire

- Parlez ensemble du titre et de l'illustration en couverture, afin de préparer la compréhension globale de l'histoire.
- Vous pouvez dans un premier temps lire l'histoire en entier à votre enfant, pour qu'ensuite il la lise seul.
- Si besoin, proposez les activités de préparation à la lecture pages 4 et 5. Elles permettront de déchiffrer les mots les plus difficiles.

Après avoir lu l'histoire

- Parlez ensemble de l'histoire en posant les questions de la page 30 : « As-tu bien compris l'histoire ? »
- Vous pouvez aussi parler ensemble de ses réactions, de son avis, en vous appuyant sur les questions de la page 31 : «Et toi, qu'en penses-tu ?»

Bonne lecture !

Couverture : Mélissa Chalot
Maquette intérieure : Mélissa Chalot
Mise en page : Typo-Virgule
Illustrations : Thérèse Bonté
Édition : Laurence Lesbre
Relecture ortho-typo : Emmanuelle Mary

ISBN : 978-2-01-270622-4
© Hachette Livre 2015.

Tous droits de traduction, de reproduction et d'adaptation réservée pour tous pays.

Les personnages de l'histoire

Le papa de Léna

Léna

Julie

La petite souris

Pour préparer la lecture

1 Montre le dessin quand tu entends le son (en) comme dans d**en**t.

2 Montre le dessin quand tu entends le son (eil) comme dans rév**eil**.

3 Lis ces syllabes.

ven	dre	dor	ten	bro	den

gon	fle	pier	reille	main	trou

4 Lis ces mots outils.

   dans pour

déjà aussi sous son

5 Lis les mots de l'histoire.

Julie

brosse à dents

oreiller

petite souris

matelas

pièce

Vendredi après l'école,

Julie va dormir

chez sa copine Léna.

Julie est super contente !

Elle a mis son pyjama

et sa brosse à dents

dans son cartable.

Le papa de Léna

vient les chercher à l'école.

Sur le chemin,

Julie montre sa dent à Léna :

– Regarde ! Elle bouge !

9

Le soir,

le papa de Léna

gonfle un matelas pour Julie.

C'est déjà l'heure d'aller au lit !

Julie et Léna vont se brosser

les dents.

Oups !

La dent de Julie tombe

dans le lavabo !

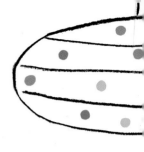

Julie pleure.

– La petite souris

ne va pas passer !

– Ne t'inquiète pas,

il y a aussi une petite souris

chez nous !

dit le papa de Léna.

Julie et Léna mettent la dent

dans un petit mouchoir

sous l'oreiller.

– Faites de beaux rêves
les filles !

Et la maman de Léna
leur fait un bisou
de bonne nuit.

19

Le lendemain matin,

Julie regarde vite

sous son oreiller.

La dent n'est plus là !

Mais il n'y a pas de pièce !

– Oh non, la petite souris

n'est pas passée !

dit Julie, déçue.

– Tu es sûre

que tu as bien regardé ?

demande le papa de Léna.

Regarde encore !

Alors Léna aide Julie

à chercher.

Elles cherchent, elles cherchent,

elles cherchent...

Et sous le matelas,

que trouvent-elles ?

Une grosse pièce de 2 euros !

As-tu bien compris l'histoire ?

1 Quel jour Julie va-t-elle dormir chez Léna ?

2 Est-ce que Julie est contente ou est-ce qu'elle a un peu peur ?

3 Que se passe-t-il quand les filles se brossent les dents ?

4 Est-ce qu'il y a aussi une petite souris chez Léna ?

5 Pourquoi est-ce qu'il n'y a pas de pièce sous l'oreiller ?

30

Et toi, qu'en penses-tu ?

Et toi, as-tu déjà dormi chez un copain ou une copine ?

Qu'est-ce que tu emmènes quand tu vas dormir chez quelqu'un ?

Tu as déjà perdu des dents ? Combien ?

Tu sais comment s'appellent les dents qui remplacent les dents de lait ?

Qu'est-ce qu'il se passe si on ne se brosse pas bien les dents ?

Combien de fois par jour tu te brosses les dents ?

Lire pas à pas
• avec Sami et Julie •

Début de CP

Niveau 1

a e i o u y é/è/ê
b d f l m n p r s t v
et/est un/une

Milieu de CP

Niveau 2

c/k/qu ch h ph
z/s=z ce/ci
ou/on an/en oi/oin
in ei/ai eu/œu
les/des/mes/tes/ses ils/elles
g/j ge/gi gn gu
er/ier/ez/et

Fin de CP

Niveau 3

ef/er/ec/ep/el/es
ill/aill/eill/euill/ouill x y w
sp/st/sc ion/ien
au/eau ain/ein ti=si

Achevé d'imprimer en Espagne
par UNIGRAF
Dépôt légal : juin 2017
Collection nº 12 - Édition 06
29/7784/2